EMPRE ENDE DORISMO
Criativo

COMO TRANSFORMAR VISÕES EM REALIDADE E ATRAIR GRANDES CLIENTES

GILBERTO SANTOS

Gilberto Santos

EMPREENDEDORISMO CRIATIVO – COMO TRANSFORMAR VISÕES EM REALIDADE E ATRAIR GRANDES CLIENTES

Coordenação editorial:
Gilson Mello

Projeto gráfico:
Flórida Business Academy

Capa:
Flórida Business Academy

Correção, revisão e copidesque:
Fabiana Mello

Direção Geral:
Gilson Mello

Todos os direitos reservados e protegidos pela Lei nº 9.610, de 19/02/1998.

É expressamente proibida a reprodução total ou parcial deste livro, por quaisquer meios (eletrônicos, mecânicos, fotográficos, gravação e outros), sem prévia autorização por escrito da editora.

Primeira edição 2024

Dados Internacionais de Catalogação na Publicação (CIP)
Santos, Gilberto
Empreendedorismo Criativo
Como transformar visões em realidade e atrair grandes clientes
Gilberto Santos; Rio de Janeiro- RJ: Flórida Business Academy
Empreendedorismo, 2024.
96 p.
ISBN: 9798336537338
1. Negócios 2. Empreendedorismo. 3. Criatividade

Dedico este livro a todas as pessoas que me apoiaram e inspiraram ao longo da minha jornada.

Ao meu pai, Daniel dos Santos, e minha mãe, Maria Donata, que me ensinaram o valor do trabalho árduo e da determinação desde cedo. Ao meu irmão, Gesiel dos Santos, por sempre acreditar em mim.

Agradeço a todos os mentores e parceiros que caminharam comigo em momentos importantes: Valdeci Linhares, João Evangelista Linhares, Paulo Filipe, Almir Mota, Gabriella Valverde, Gisela Valverde, Tatiana Noritomi, Dina Levy, Marlise Storchi, Valéria Costa, Ricardo dos Santos Costa, Antoine Olivier e Wilquison Colombo. Cada um de vocês contribuiu de forma única para minha trajetória.

Por fim, dedico este trabalho à minha família e amigos, que sempre me apoiaram nos momentos mais desafiadores e comemoraram comigo as conquistas.

Gilberto Santos

Sumário

Prefácio -- 07

Introdução --- 11

Capítulo 1:

O poder da visão -- 15

Capítulo 2:

Superando medos e incertezas ------------------------------- 23

Capítulo 3:

Liderança criativa -- 31

Capítulo 4:

Criando uma marca pessoal forte ------------------------- 39

Capítulo 5:

Estratégias de marketing e vendas ------------------------ 47

Capítulo 6:

Gestão de equipes e recursos -------------------------------- 57

Capítulo 7:

Inovação e adaptação ao mercado ------------------------ 65

Capítulo 8:

Superando crises e adversidades --------------------------- 73

Capítulo 9:

Expansão e crescimento -------------------------------------- 81

Capítulo 10:

Legado e futuro do empreendedorismo ---------------------------------- 89

Prefácio

Gilberto Santos

O empreendedorismo é uma jornada desafiadora, mas incrivelmente gratificante. Desde cedo, aprendi que transformar uma visão em realidade requer mais do que apenas determinação; exige criatividade, resiliência e a capacidade de superar os obstáculos que inevitavelmente surgem no caminho. Este livro foi escrito para aqueles que sonham em construir algo significativo, que buscam não apenas o sucesso financeiro, mas também a realização pessoal e profissional.

Ao longo dos anos, tive a oportunidade de vivenciar o empreendedorismo em suas diversas formas, desde o início humilde em uma pequena cidade até alcançar o reconhecimento em uma indústria competitiva. Essas experiências me ensinaram lições valiosas sobre como transformar ideias em empreendimentos prósperos, atrair grandes clientes e manter a relevância em um mercado em constante mudança.

Neste livro, compartilho as estratégias e princípios que me guiaram em minha trajetória. Cada capítulo foi pensado para abordar um aspecto fundamental do empreendedorismo, desde a criação de uma visão clara até a implementação de técnicas eficazes de marketing e vendas, gestão de equipes e inovação constante. Ao longo dos capítulos, você encontrará insights práticos e exemplos reais que ilustram como aplicar esses conceitos no seu próprio negócio.

Seja você um empreendedor em início de carreira ou alguém que já possui experiência, acredito que este livro pode oferecer ferramentas valiosas para ajudá-lo a navegar pelo complexo mundo dos negócios. Minha esperança é que, ao compartilhar minha jornada e as lições que aprendi, eu possa inspirá-lo a seguir em frente, superar desafios e alcançar o sucesso em sua própria jornada empreendedora.

Gilberto Santos

Introdução

Empreender é como embarcar em uma jornada épica, repleta de desafios, descobertas e grandes conquistas. A "Jornada do Herói" é um conceito conhecido na literatura e no cinema, mas é igualmente aplicável ao mundo do empreendedorismo. Assim como um herói, o empreendedor é chamado a sair de sua zona de conforto, enfrentar obstáculos e, no final, alcançar algo extraordinário.

Minha própria jornada começou de maneira simples, guiada por uma visão clara e uma paixão inabalável. Cresci em uma pequena cidade em Minas Gerais, onde aprendi as primeiras lições sobre trabalho árduo e criatividade na marcenaria de meu pai. Desde cedo, entendi que transformar a madeira bruta em peças funcionais e belas exigia tanto técnica quanto inovação. Aquela marcenaria era mais do que um local de trabalho; era meu primeiro campo de treinamento como empreendedor.

Aos 17 anos, decidi sair da segurança da minha cidade natal e me aventurar no Rio de Janeiro, um centro de oportunidades e desafios. Com pouco mais do que minha determinação, embarquei em um ônibus, sabendo que essa decisão marcaria o início de algo maior. No Rio, enfrentei uma realidade completamente diferente, trabalhando em uma marcenaria dentro de uma comunidade complexa. Aqueles primeiros anos foram repletos de desafios, mas eles me prepararam para o que viria a seguir.

Foi no Rio de Janeiro que minha carreira deu um salto significativo. Trabalhando em uma empresa de cenografia que prestava serviços para a Rede Globo, a maior emissora de televisão do Brasil, rapidamente assumi uma posição de liderança. Essa experiência não apenas me desafiou a crescer como líder, mas também ampliou minha visão sobre as inúmeras possibilidades que o empreendedorismo poderia oferecer, especialmente ao trabalhar em projetos de grande escala e com alto nível de exigência.

No entanto, essa jornada estava apenas começando. Decidi deixar uma posição confortável nessa empresa para seguir meu sonho de criar meu próprio negócio. Essa decisão foi um ponto de virada, onde compreendi que cada desafio enfrentado até então não era um obstáculo, mas uma oportunidade de crescimento.

Neste livro, convido você a explorar comigo essa jornada empreendedora. Ao longo do caminho, haverá altos e baixos, momentos de incerteza e de superação. Cada obstáculo superado não só fortalece o empreendedor, mas também o aproxima de sua visão e do sucesso desejado. Ao compartilhar minha história e as lições que aprendi ao longo do caminho, meu objetivo é inspirá-lo a enfrentar seus próprios desafios e a realizar seu potencial como empreendedor.

Capítulo 1:
O Poder da Visão

Minha jornada empreendedora começou com uma decisão ousada. Aos 17 anos, decidi deixar minha cidade natal em Minas Gerais e partir para o Rio de Janeiro, guiado por uma visão que era clara em minha mente: construir algo maior do que as oportunidades que estavam disponíveis no interior. Naquele momento, não havia garantias de sucesso, mas a força da minha visão me deu a coragem necessária para enfrentar o desconhecido.

Essa decisão não foi fácil. Deixar para trás a segurança da minha família e o ambiente familiar da marcenaria de meu pai foi um grande desafio. Mas a ideia de criar algo próprio, de transformar minha paixão por marcenaria e cenografia em uma carreira de sucesso, era o que me motivava a seguir em frente. A visão que eu tinha do meu futuro foi o combustível que me permitiu continuar, mesmo quando os obstáculos pareciam insuperáveis.

Muitos empreendedores falham porque não têm uma visão clara do que querem alcançar. Sem uma direção definida, é fácil perder o foco e a motivação diante das primeiras dificuldades. Quando não há uma visão que guie suas decisões, o risco de se desviar do caminho aumenta, e o sonho de construir algo grandioso pode ser facilmente abandonado.

Grandes empreendedores, como Steve Jobs, são exemplos de como uma visão clara pode ser determinante para o sucesso. Jobs tinha uma visão muito definida do que queria para a Apple, mesmo nos momentos mais difíceis. Sua capacidade de manter essa visão viva, mesmo quando enfrentou crises, como a quase falência da empresa, foi o que o levou a transformar a Apple na gigante que conhecemos hoje.

Definindo sua Visão

Ter uma visão clara é o primeiro passo para qualquer empreendimento bem-sucedido. Sua visão deve ser inspiradora e oferecer uma direção clara para o futuro. Quando defini minha visão de construir uma carreira sólida no Rio de Janeiro, visualizei não apenas o tipo de trabalho que queria fazer, mas também o impacto que queria causar na indústria de cenografia. Esta visão me guiou em cada decisão que tomei, desde aceitar novos desafios até criar minha própria empresa.

Para definir sua visão, pergunte-se: onde você quer estar nos próximos cinco ou dez anos? O que você deseja alcançar? Sua visão deve ser grande o suficiente para inspirar, mas também específica o suficiente para guiar suas ações.

Visualização Criativa

Uma vez que sua visão esteja definida, é importante mantê-la viva na mente. A visualização criativa é uma técnica poderosa que pode ajudar a reforçar a sua visão. Durante os primeiros anos no Rio de Janeiro, muitas vezes me via mentalmente liderando grandes projetos de cenografia, mesmo quando ainda estava começando. Esta prática me ajudou a manter meu foco e a não me desviar do caminho que tinha traçado.

Visualizar seu sucesso pode ser tão simples quanto reservar alguns minutos todos os dias para imaginar como será sua vida quando atingir seus objetivos. Essa prática ajuda a manter sua visão viva e a motivá-lo a continuar trabalhando em direção a ela, mesmo nos momentos difíceis.

Adaptabilidade

Embora seja essencial ter uma visão clara, também é importante ser adaptável. À medida que sua jornada empreendedora avança, você pode encontrar novos desafios ou oportunidades que exigem ajustes na sua visão. Durante minha carreira, houve momentos em que precisei reavaliar e ajustar minha visão inicial para aproveitar novas oportunidades, como quando decidi deixar uma posição de liderança em uma empresa para fundar meu próprio negócio.

A adaptabilidade não significa abandonar sua visão, mas sim ajustá-la conforme necessário para manter-se alinhado com suas metas e valores principais. Lembre-se de que o caminho para o sucesso raramente é uma linha reta; estar disposto a adaptar sua visão pode ser a chave para superar obstáculos e alcançar seus objetivos.

Assim como um arquiteto visualiza uma obra-prima antes de colocar o primeiro tijolo, o empreendedor deve visualizar seu futuro com clareza e paixão. Ao longo da minha trajetória, foi essa visão que me guiou e me permitiu superar desafios, transformar sonhos em realidade e construir uma carreira de sucesso. Uma visão clara e inspiradora é o primeiro passo para qualquer jornada empreendedora bem-sucedida. Ao manter essa visão viva e ajustá-la conforme necessário, você estará preparado para transformar seus sonhos em realidade e alcançar grandes feitos em sua trajetória.

Capítulo 2:
Superando Medos
e Incertezas

Quando decidi deixar minha cidade natal em Minas Gerais e partir para o Rio de Janeiro, senti um medo profundo do desconhecido. A realidade que me aguardava na cidade grande era muito diferente do ambiente familiar e seguro que eu conhecia. Ao chegar ao Rio, fui confrontado com uma nova realidade, trabalhando em uma marcenaria dentro de uma comunidade onde a violência era uma constante. Essa experiência inicial foi marcada por incertezas e desafios que me testaram de várias maneiras.

Esse medo do desconhecido é algo que todo empreendedor enfrenta em algum momento. Iniciar uma nova jornada, seja em um novo negócio, em um novo mercado ou até mesmo em uma nova cidade, traz consigo uma série de incertezas que podem facilmente paralisar. Porém, foi enfrentando esses medos que aprendi algumas das lições mais valiosas da minha carreira.

O medo do desconhecido e a incerteza quanto ao sucesso podem ser obstáculos poderosos que impedem o empreendedor de tomar ações decisivas. Muitos desistem antes mesmo de começar porque o medo os domina. Esse tipo de paralisia é comum, e se não for superado, pode impedir que sonhos se tornem realidade. Grandes empreendedores, como Jeff Bezos, enfrentaram esse medo quando decidiram criar algo novo e revolucionário. Bezos, por exemplo, deixou uma carreira estável para fundar a Amazon em sua garagem, enfrentando inúmeras incertezas no processo.

Aceitando o Desconhecido

Enfrentar o desconhecido é uma parte inevitável da jornada empreendedora. Quando cheguei ao Rio de Janeiro, a diferença entre a vida que eu conhecia e a nova realidade foi um choque. No entanto, ao invés de me deixar ser consumido pelo medo, decidi aceitar a nova situação e encontrar maneiras de me adaptar. Aceitar o desconhecido não significa não sentir medo, mas sim reconhecer esse medo e seguir em frente apesar dele.

O primeiro passo para superar o medo é aceitar que o desconhecido faz parte do processo. Todo novo empreendimento, projeto ou ideia traz consigo incertezas. Em vez de evitar essas situações, abrace-as como oportunidades de crescimento e aprendizado.

Resiliência Mental

Superar o medo e a incerteza exige resiliência mental. Durante aqueles primeiros anos no Rio de Janeiro, enfrentei desafios que nunca tinha imaginado. Mas foi desenvolvendo uma mentalidade resiliente que consegui continuar, mesmo quando as coisas pareciam impossíveis. A resiliência mental é a capacidade de manter o foco e a motivação, mesmo diante de adversidades.

Para desenvolver essa resiliência, é importante ter clareza sobre suas metas e um forte senso de propósito. Quando você sabe por que está fazendo algo, fica mais fácil manter a determinação, mesmo quando o caminho é difícil. Lembre-se de que cada desafio superado fortalece sua capacidade de enfrentar o próximo.

Aprendendo com os Erros

Todos nós cometemos erros, especialmente quando enfrentamos o desconhecido. O que diferencia os empreendedores bem-sucedidos é a capacidade de aprender com esses erros e transformá-los em lições valiosas. Em minha própria jornada, houve momentos em que as coisas não saíram como planejado, mas em vez de me deixar abater, usei esses momentos como oportunidades para ajustar minha estratégia e melhorar.

Um exemplo disso pode ser encontrado na história de Thomas Edison, que após inúmeras tentativas fracassadas para inventar a lâmpada elétrica, declarou que não tinha falhado, mas sim descoberto milhares de maneiras que não funcionavam. Essa mentalidade de aprender com os erros é crucial para qualquer empreendedor que deseja superar o medo e alcançar o sucesso.

Exemplos de Grandes Empreendedores: Histórias de Superação

Assim como eu tive que superar o medo ao deixar minha cidade natal e me adaptar ao Rio de Janeiro, muitos empreendedores conhecidos mundialmente também enfrentaram desafios significativos. Elon Musk, por exemplo, teve que lidar com múltiplos fracassos antes de conseguir o sucesso com empresas como SpaceX e Tesla. Esses empreendedores nos mostram que o medo e a incerteza são parte do processo, mas com perseverança e determinação, é possível alcançar resultados extraordinários.

Superar o medo e a incerteza é como escalar uma montanha. O caminho pode ser íngreme e assustador, mas cada passo dado em direção ao topo é uma vitória sobre suas próprias limitações. Assim como um alpinista que, apesar do medo e das condições adversas, alcança o cume da montanha, o empreendedor também pode alcançar o sucesso ao enfrentar seus medos e continuar avançando. É preciso coragem para seguir em frente, mas é essa coragem que faz a diferença entre desistir e alcançar grandes realizações.

Capítulo 3:
Liderança Criativa

Aos 14 anos, tive a oportunidade de assumir a liderança na empresa de meu pai, uma responsabilidade que poucos adolescentes experimentam. Naquele momento, precisei aprender rapidamente como comandar uma equipe e tomar decisões que impactariam diretamente o sucesso do negócio. Foi um período de crescimento acelerado, onde descobri que a liderança exige não apenas habilidades técnicas, mas também criatividade e a capacidade de inspirar outros.

Essa experiência me moldou profundamente como líder e me ensinou que a verdadeira liderança vai além da autoridade; ela envolve a capacidade de motivar e guiar uma equipe para alcançar objetivos comuns. Liderar com criatividade tornou-se um dos pilares do meu estilo de liderança, e isso se mostrou essencial ao longo de minha carreira, tanto na gestão de pequenas equipes quanto em grandes projetos.

Muitos líderes enfrentam dificuldades porque carecem de inovação em sua abordagem e falham em inspirar suas equipes. Quando os líderes se tornam rígidos e inflexíveis, suas equipes podem perder o entusiasmo e a produtividade. Sem inspiração, a criatividade e a motivação dentro da equipe começam a diminuir, o que pode comprometer o sucesso de qualquer empreendimento. Empresas que falham em inovar frequentemente se veem superadas por concorrentes mais ágeis e criativos.

Líderes como Richard Branson, fundador do grupo Virgin, entendem a importância da criatividade na liderança. Branson sempre se destacou por liderar suas equipes com uma abordagem inovadora, encorajando-os a pensar de maneira diferente e a não ter medo de falhar. Sua capacidade de liderar com criatividade ajudou a Virgin a se expandir para diversos setores, sempre mantendo uma cultura de inovação.

Inspiração pela Criatividade

A criatividade é uma ferramenta poderosa para motivar uma equipe. Quando assumi a liderança na empresa de meu pai, percebi que, além de gerenciar as operações diárias, precisava encontrar maneiras de manter a equipe engajada e inspirada. Aprendi que, ao incentivar a criatividade, não só aumentava a moral da equipe, mas também melhorava a qualidade do nosso trabalho.

Incorporar a criatividade na liderança não significa apenas ser inventivo em projetos ou produtos, mas também em como você aborda problemas, comunica suas ideias e motiva sua equipe. Um líder criativo sabe como encontrar soluções fora do comum e encoraja sua equipe a fazer o mesmo. Steve Jobs, por exemplo, era conhecido por desafiar sua equipe a "pensar diferente", o que levou a inovações revolucionárias na Apple.

Comunicação Eficaz

Uma liderança eficaz não pode existir sem uma comunicação clara. A comunicação é a ponte que conecta a visão do líder com a execução pela equipe. Quando assumi responsabilidades na marcenaria da família, aprendi rapidamente que era crucial transmitir minhas expectativas e objetivos de forma clara para evitar mal-entendidos e garantir que todos estivessem alinhados.

A comunicação eficaz também envolve a escuta ativa. Um bom líder não apenas transmite suas ideias, mas também ouve sua equipe, compreende suas preocupações e valoriza suas opiniões. Isso cria um ambiente de confiança e colaboração, onde todos se sentem parte do processo e comprometidos com o sucesso do projeto.

Delegação Inteligente

Um dos maiores desafios para qualquer líder é aprender a delegar. Quando comecei a liderar a equipe da marcenaria, inicialmente senti a necessidade de supervisionar cada detalhe, mas logo percebi que isso era insustentável. Delegar responsabilidades de forma inteligente não apenas alivia a carga do líder, mas também capacita a equipe, dando-lhes a oportunidade de desenvolver suas próprias habilidades.

Delegar com eficácia significa confiar na capacidade dos membros da equipe e fornecer-lhes as ferramentas e o suporte necessários para que tenham sucesso. Grandes líderes, como Howard Schultz, ex-CEO da Starbucks, entendem que delegar não é apenas sobre distribuir tarefas, mas sobre cultivar futuros líderes dentro da organização.

Inovação Constante

A inovação é o que mantém uma equipe engajada e produtiva ao longo do tempo. Na minha experiência, liderar com uma mentalidade aberta à inovação foi crucial para manter a motivação e o desempenho da equipe. Seja na criação de novos processos ou na adoção de novas tecnologias, estar disposto a inovar garante que a equipe permaneça competitiva e à frente das tendências do mercado.

Inovar constantemente também significa estar disposto a correr riscos calculados. Na Amazon, Jeff Bezos incentivou uma cultura de experimentação, onde falhar era parte do processo de inovação. Isso permitiu que a empresa evoluísse e se tornasse uma das mais inovadoras do mundo.

Liderança criativa é como a condução de uma orquestra por um maestro inovador. Assim como um maestro que cria uma sinfonia única ao trazer novas interpretações para uma obra clássica, um líder criativo guia sua equipe para alcançar novos patamares de sucesso. A capacidade de inspirar, comunicar, delegar e inovar é o que diferencia um bom líder de um líder extraordinário. Quando se lidera com criatividade, não só se alcançam os objetivos, mas também se transforma o ambiente de trabalho em um lugar onde a excelência e a inovação são a norma.

Capítulo 4:
Criando uma
Marca Pessoal Forte

Gilberto Santos

Construir uma marca pessoal sólida foi um dos fatores mais importantes para o sucesso que alcancei na indústria de cenografia. Desde o início da minha carreira, sabia que precisava me destacar em um mercado competitivo. A partir do momento em que comecei a assumir responsabilidades maiores e me envolver em projetos de grande escala, percebi que não bastava apenas ser bom no que eu fazia; era necessário também construir uma reputação que me diferenciasse dos demais. Essa reputação, ou marca pessoal, foi fundamental para abrir portas e me permitir trabalhar com algumas das maiores empresas e produções do Brasil.

Ao longo dos anos, fui capaz de criar uma marca pessoal que é sinônimo de qualidade, inovação e confiança. Essa marca não apenas me ajudou a crescer profissionalmente, mas também serviu como um imã para novas oportunidades, atraindo grandes clientes e parceiros. Neste capítulo, quero compartilhar como é possível construir e fortalecer sua marca pessoal para alcançar o reconhecimento e o sucesso em qualquer indústria.

Em um mercado competitivo, a falta de uma marca pessoal forte pode fazer com que empreendedores talentosos sejam facilmente esquecidos ou ignorados. Sem uma identidade clara, é difícil se destacar, atrair clientes e construir relacionamentos duradouros. No mundo dos negócios, onde a confiança e a reputação são fundamentais, a marca pessoal pode ser a diferença entre o sucesso e a irrelevância.

A marca pessoal é o que diferencia empreendedores como Elon Musk, cujo nome está associado à inovação e à visão de futuro. Musk não é apenas conhecido por suas empresas, mas também por sua personalidade única e seu compromisso com a exploração espacial e a energia sustentável. Sua marca pessoal é tão poderosa que agrega valor a todos os seus empreendimentos.

Identidade de Marca: Como Definir e Comunicar Seus Valores

O primeiro passo para construir uma marca pessoal forte é definir claramente quem você é, o que você representa e quais são os seus valores. Quando comecei na indústria de cenografia, percebi que minha marca precisava refletir não apenas a qualidade do meu trabalho, mas também minha paixão pela inovação e pelo atendimento às necessidades dos clientes. Eu queria que as pessoas associassem meu nome a excelência e confiabilidade.

Definir sua identidade de marca envolve uma reflexão profunda sobre seus valores, sua missão e o que o torna único. Uma vez que você tenha clareza sobre esses aspectos, é importante comunicar isso de forma consistente em todas as suas interações profissionais. Seja através de suas redes sociais, em apresentações ou no contato direto com clientes, sua marca pessoal deve ser claramente percebida por todos ao seu redor.

Networking Estratégico: A Importância de Construir Relações

Além de ter uma identidade de marca clara, é crucial construir um network estratégico. Minha carreira na cenografia foi fortemente impulsionada pelas relações que construí ao longo do tempo. Desde os primeiros contatos na indústria até os grandes projetos que liderei posteriormente, cada relacionamento ajudou a fortalecer minha marca pessoal.

Não posso deixar de registrar minha gratidão à minha amiga e parceira de longa data, Gabriella Valverde. Diretora de arte extremamente conceituada no Brasil, Gabriella é uma profissional com um talento excepcional e um olhar incomparável para os detalhes. Trabalhamos juntos em inúmeros projetos, e sua dedicação e criatividade abriram muitas portas para mim ao longo dos anos. Parcerias como a que desenvolvi com Gabriella são fundamentais na trajetória de qualquer empreendedor. Elas nos ajudam a crescer, a explorar novas oportunidades e a elevar a qualidade do nosso trabalho.

Networking não é apenas sobre conhecer o maior número possível de pessoas, mas sim sobre construir relações genuínas e mutuamente benéficas. Envolver-se em eventos da indústria, participar de grupos profissionais e manter contato regular com seus colegas e parceiros são práticas que podem abrir portas e criar oportunidades que você talvez nem imaginasse. Além disso, um bom networking ajuda a espalhar sua marca pessoal, ampliando seu alcance e influência.

Consistência e Reputação: Como Manter e Fortalecer Sua Marca ao Longo do Tempo

Uma vez que sua marca pessoal esteja estabelecida, o desafio é mantê-la e fortalecê-la ao longo do tempo. No meu caso, isso significou entregar consistentemente trabalhos de alta qualidade e continuar inovando, mesmo após alcançar o sucesso. Percebi que, para manter minha marca forte, precisava garantir que cada projeto que eu liderasse fosse uma demonstração dos valores que eu defendia.

A consistência é crucial para construir confiança. Se sua marca pessoal é associada à excelência, cada interação, cada projeto e cada decisão devem refletir essa excelência. Isso não só fortalece sua reputação, mas também solidifica sua posição no mercado, tornando-se uma referência em sua área de atuação.

Criar uma marca pessoal forte é como plantar uma árvore: com raízes profundas e fortes, ela pode resistir às tempestades e continuar a crescer e florescer ao longo do tempo. Sua marca pessoal é a fundação sobre a qual você construirá sua carreira e negócios. Com uma identidade clara, relacionamentos estratégicos e uma reputação sólida, você estará preparado para enfrentar os desafios do mercado e se destacar em meio à concorrência. Assim como uma árvore que cresce e se torna robusta com o tempo, sua marca pessoal, bem cuidada e nutrida, pode se transformar em um legado duradouro e próspero.

Capítulo 5: Estratégias de Marketing e Vendas

Gilberto Santos

Quando decidi expandir minha empresa de cenografia, logo percebi que oferecer serviços de qualidade não seria suficiente para alcançar o sucesso que eu almejava. A habilidade técnica e a execução impecável dos projetos precisavam ser complementadas por estratégias eficazes de marketing e vendas. No início, enfrentamos o desafio de atrair grandes clientes, mesmo com um portfólio de trabalho que já demonstrava nossa competência. Foi então que compreendi a importância de desenvolver uma abordagem sólida para alcançar e conquistar o mercado.

Expandir uma empresa em um setor tão competitivo exigiu mais do que habilidade técnica; foi necessário entender profundamente o mercado, adaptar nossas estratégias de comunicação e construir relacionamentos estratégicos que potencializaram nossas vendas. Neste capítulo, vou compartilhar as lições que aprendi ao longo desse processo e como elas podem ser aplicadas para impulsionar qualquer negócio.

Muitos empreendedores criam produtos ou serviços excelentes, mas falham em comercializá-los de maneira eficaz. Como resultado, perdem oportunidades de crescimento e ficam atrás da concorrência. Mesmo o melhor dos produtos pode passar despercebido se não for promovido de forma estratégica. Empresas que falham em entender e se conectar com seu público-alvo correm o risco de serem superadas por concorrentes que dominam o marketing e as vendas.

Empreendedores como Sara Blakely, fundadora da Spanx, entenderam que, para se destacar em um mercado saturado, era necessário não apenas criar um produto inovador, mas também encontrar maneiras criativas e eficazes de promovê-lo. Blakely investiu em marketing criativo e vendas diretas, o que ajudou a transformar seu negócio em um império bilionário.

Entendendo o Cliente: Técnicas para Conhecer e Entender Seu Público-Alvo

O primeiro passo para uma estratégia de marketing e vendas bem-sucedida é entender profundamente quem é o seu cliente. Quando comecei a expandir minha empresa de cenografia, dediquei tempo para conhecer melhor os segmentos de mercado que queríamos atingir. Entender as necessidades, desejos e dores do público-alvo permitiu que ajustássemos nossos serviços para atender a essas demandas de forma mais eficaz.

Para entender seu cliente, é importante realizar pesquisas de mercado, analisar dados de clientes existentes e manter um diálogo aberto com seu público. Isso não só ajuda a adaptar seus produtos ou serviços, mas também a criar mensagens de marketing que ressoem com as pessoas certas.

Marketing Criativo: Campanhas que Destacam Sua Marca

No mundo da cenografia, onde a competição é intensa, foi essencial destacar nossa marca através de campanhas de marketing criativas. Em vez de seguir os métodos tradicionais, investimos em estratégias que refletiam a criatividade e a inovação que oferecíamos aos nossos clientes. Isso incluiu a criação de portfólios visuais impactantes, a participação em eventos da indústria e a utilização de redes sociais para mostrar nosso trabalho em ação.

Marketing criativo é sobre encontrar maneiras únicas de se conectar com seu público e diferenciar sua marca dos concorrentes. Steve Jobs, por exemplo, era um mestre em usar o marketing criativo para transformar produtos tecnológicos em símbolos de status e inovação. Suas campanhas não apenas promoviam os produtos da Apple, mas também construíam uma narrativa em torno deles, criando uma conexão emocional com os consumidores.

Técnicas de Venda: Como Fechar Negócios de Maneira Eficaz

A excelência na execução é importante, mas fechar negócios exige uma abordagem estratégica. Quando comecei a negociar com grandes clientes, percebi que cada venda era um processo complexo, que envolvia mais do que apenas apresentar uma proposta. Aprendi a importância de entender as necessidades do cliente, apresentar soluções personalizadas e, acima de tudo, construir confiança.

Vendas eficazes dependem da capacidade de comunicar claramente o valor do que você oferece e de criar uma relação de confiança com o cliente. Isso inclui técnicas como a escuta ativa, a personalização das ofertas e a negociação que busca um benefício mútuo. O sucesso em vendas também requer paciência e persistência, duas qualidades que são essenciais para qualquer empreendedor.

Alianças Estratégicas: Parcerias que Potencializam as Vendas

Outra estratégia crucial que adotei foi a formação de alianças estratégicas. Identifiquei empresas e profissionais que poderiam complementar nossos serviços e, juntos, conseguimos acessar novos mercados e expandir nosso alcance. Essas parcerias foram fundamentais para fortalecer nossa presença na indústria e aumentar as vendas.

Formar alianças estratégicas é uma maneira poderosa de crescer. Quando empresas unem forças para oferecer soluções integradas ou para alcançar novos públicos, elas podem criar um valor muito maior do que poderiam individualmente. Essas parcerias devem ser baseadas em confiança mútua e uma visão compartilhada de sucesso.

Uso de Tecnologia: Ferramentas para Automatizar e Melhorar o Marketing

A tecnologia desempenhou um papel crucial na expansão do nosso alcance e na eficiência das nossas operações de marketing e vendas. Utilizamos ferramentas de automação de marketing para gerenciar campanhas, analisar dados de desempenho e otimizar nossas estratégias em tempo real. A integração de sistemas de CRM (Customer Relationship Management) permitiu que mantivéssemos um relacionamento mais próximo com nossos clientes e monitorássemos o progresso das vendas de maneira mais eficaz.

O uso inteligente da tecnologia permite que as empresas maximizem seus recursos e alcancem resultados mais consistentes. Ferramentas como a análise de dados e a automação de marketing ajudam a direcionar os esforços para onde eles são mais eficazes, economizando tempo e recursos e aumentando as chances de sucesso.

Elaborar uma estratégia de marketing e vendas eficaz é como ser um pescador experiente. Compreender o ambiente, escolher a isca certa e saber quando e onde lançar a linha são fatores cruciais para capturar o maior peixe no lago. Da mesma forma, compreender seu mercado, desenvolver campanhas criativas, fechar negócios de maneira eficaz e formar alianças estratégicas são os ingredientes que atraem e retêm grandes clientes. Com as ferramentas certas e uma abordagem estratégica, qualquer empreendedor pode transformar uma ideia promissora em um sucesso comercial duradouro.

Capítulo 6:
Gestão de Equipes
e Recursos

Liderar grandes equipes em projetos complexos foi uma das responsabilidades mais desafiadoras e, ao mesmo tempo, mais gratificantes que assumi ao longo da minha carreira. Quando comecei a trabalhar em projetos de cenografia para grandes eventos e produções, logo percebi que o sucesso não dependia apenas da minha habilidade técnica ou visão criativa, mas também da minha capacidade de gerenciar eficientemente tanto as pessoas quanto os recursos disponíveis. Aprendi que uma gestão eficaz é o alicerce sobre o qual se constrói o sucesso de qualquer projeto.

Em cada grande projeto, desde a criação de cenários para comerciais de TV até a gestão de eventos de grande porte como o Carnaval na Sapucaí e o Rock in Rio, percebi que a má gestão de equipes e recursos poderia facilmente transformar uma oportunidade em um desastre. Este capítulo é dedicado a compartilhar as lições que aprendi ao longo desses anos sobre como gerenciar equipes e recursos de forma a maximizar produtividade e minimizar desperdícios.

A má gestão de equipes e recursos é um dos principais fatores que levam ao fracasso de muitos negócios e projetos. Quando os recursos não são otimizados ou as equipes não estão devidamente motivadas e alinhadas, o resultado pode ser desperdício, baixa produtividade e, eventualmente, o fracasso total do empreendimento. Sem uma gestão eficaz, mesmo os projetos mais promissores podem desmoronar sob o peso da ineficiência e da desorganização.

Grandes líderes como Jack Welch, que transformou a General Electric em uma das empresas mais lucrativas do mundo, entendem que a gestão eficiente de pessoas e recursos é crucial para o sucesso. Welch era conhecido por sua abordagem rigorosa à gestão, garantindo que cada membro da equipe estivesse comprometido com os objetivos da empresa e que os recursos fossem utilizados de maneira inteligente.

Seleção de Talentos: Como Escolher os Melhores para Sua Equipe

A primeira etapa para uma gestão eficaz é a seleção cuidadosa dos talentos que compõem sua equipe. Aprendi isso cedo, quando precisei liderar equipes grandes em projetos de alta complexidade. Escolher as pessoas certas faz toda a diferença no resultado final. Eu sempre procurei selecionar indivíduos que não apenas possuíssem as habilidades técnicas necessárias, mas que também compartilhassem a visão e os valores da empresa.

Na seleção de talentos, é importante considerar não apenas as qualificações e a experiência, mas também a capacidade de adaptação e o espírito de equipe. Uma equipe composta por indivíduos com diferentes habilidades e perspectivas pode trazer soluções criativas para problemas e aumentar a eficácia do projeto. Além disso, o alinhamento cultural e a paixão pelo trabalho são fatores que não podem ser ignorados.

Motivação e Incentivos: Mantendo a Equipe Engajada

Manter uma equipe engajada e motivada é essencial para garantir a produtividade e a qualidade do trabalho. Em meus projetos, sempre procurei criar um ambiente onde as pessoas se sentissem valorizadas e incentivadas a dar o seu melhor. Entendi que motivar uma equipe vai além de recompensas financeiras; trata-se de reconhecer o esforço, celebrar as conquistas e proporcionar um ambiente de trabalho que estimule a criatividade e a colaboração.

Os incentivos podem variar de acordo com a equipe e o projeto, mas o objetivo é sempre o mesmo: manter todos focados e comprometidos com o sucesso do projeto. O Google, por exemplo, é conhecido por suas políticas de incentivo e cultura organizacional, que incentivam a inovação e a colaboração, resultando em uma equipe altamente motivada e produtiva.

Gestão de Recursos: Otimizando Tempo, Dinheiro e Materiais

A gestão eficaz dos recursos é tão importante quanto a gestão das pessoas. Nos projetos de cenografia que lidero, aprendi que otimizar o uso de tempo, dinheiro e materiais é fundamental para entregar resultados excepcionais dentro do prazo e do orçamento. Isso envolve desde a elaboração de um plano detalhado de alocação de recursos até a monitorização contínua do progresso para garantir que tudo esteja funcionando conforme o planejado.

A otimização dos recursos também inclui a capacidade de antecipar e resolver problemas antes que eles afetem o cronograma ou o orçamento. Isso pode significar ajustar o plano inicial, renegociar prazos ou redistribuir tarefas para manter o projeto nos trilhos. A eficiência na gestão dos recursos não só reduz custos, mas também aumenta a qualidade do trabalho e a satisfação do cliente.

Resolução de Conflitos: Estratégias para Manter a Harmonia no Ambiente de Trabalho

Mesmo com uma equipe talentosa e bem motivada, os conflitos inevitavelmente surgem. A maneira como esses conflitos são gerenciados pode determinar o sucesso ou o fracasso de um projeto. Em minha experiência, sempre busquei abordar os conflitos de forma direta, mas construtiva, garantindo que todos os envolvidos fossem ouvidos e que a solução fosse justa e eficiente.

A resolução de conflitos eficaz envolve comunicação clara, empatia e a capacidade de mediar disputas sem tomar partido. O objetivo deve ser sempre manter a harmonia no ambiente de trabalho e garantir que o foco permaneça nos objetivos do projeto. Empresas como a Pixar, por exemplo, são conhecidas por seu ambiente colaborativo, onde os conflitos são vistos como oportunidades para melhorar o trabalho e fortalecer a equipe.

Gerir uma equipe e recursos de forma eficaz é como ser um chef que, ao selecionar os melhores ingredientes e coordenar sua equipe, cria um prato perfeito. Assim como o chef precisa de precisão, criatividade e liderança para transformar ingredientes em uma refeição memorável, o empreendedor precisa de habilidades de gestão para transformar uma visão em realidade. Com uma equipe bem escolhida, motivada e uma gestão cuidadosa dos recursos, é possível alcançar o sucesso mesmo nos projetos mais desafiadores.

Capítulo 7:
Inovação e Adaptação ao Mercado

Liderar grandes equipes em projetos complexos foi uma das responsabilidades mais desafiadoras e, ao mesmo tempo, mais gratificantes que assumi ao longo da minha carreira. Quando comecei a trabalhar em projetos de cenografia para grandes eventos e produções, logo percebi que o sucesso não dependia apenas da minha habilidade técnica ou visão criativa, mas também da minha capacidade de gerenciar eficientemente tanto as pessoas quanto os recursos disponíveis. Aprendi que uma gestão eficaz é o alicerce sobre o qual se constrói o sucesso de qualquer projeto.

Em cada grande projeto, desde a criação de cenários para comerciais de TV até a gestão de eventos de grande porte como o Carnaval na Sapucaí e o Rock in Rio, percebi que a má gestão de equipes e recursos poderia facilmente transformar uma oportunidade em um desastre. Este capítulo é dedicado a compartilhar as lições que aprendi ao longo desses anos sobre como gerenciar equipes e recursos de forma a maximizar produtividade e minimizar desperdícios.

A má gestão de equipes e recursos é um dos principais fatores que levam ao fracasso de muitos negócios e projetos. Quando os recursos não são otimizados ou as equipes não estão devidamente motivadas e alinhadas, o resultado pode ser desperdício, baixa produtividade e, eventualmente, o fracasso total do empreendimento. Sem uma gestão eficaz, mesmo os projetos mais promissores podem desmoronar sob o peso da ineficiência e da desorganização.

Grandes líderes como Jack Welch, que transformou a General Electric em uma das empresas mais lucrativas do mundo, entendem que a gestão eficiente de pessoas e recursos é crucial para o sucesso. Welch era conhecido por sua abordagem rigorosa à gestão, garantindo que cada membro da equipe estivesse comprometido com os objetivos da empresa e que os recursos fossem utilizados de maneira inteligente.

Seleção de Talentos: Como Escolher os Melhores para Sua Equipe

A primeira etapa para uma gestão eficaz é a seleção cuidadosa dos talentos que compõem sua equipe. Aprendi isso cedo, quando precisei liderar equipes grandes em projetos de alta complexidade. Escolher as pessoas certas faz toda a diferença no resultado final. Eu sempre procurei selecionar indivíduos que não apenas possuíssem as habilidades técnicas necessárias, mas que também compartilhassem a visão e os valores da empresa.

Na seleção de talentos, é importante considerar não apenas as qualificações e a experiência, mas também a capacidade de adaptação e o espírito de equipe. Uma equipe composta por indivíduos com diferentes habilidades e perspectivas pode trazer soluções criativas para problemas e aumentar a eficácia do projeto. Além disso, o alinhamento cultural e a paixão pelo trabalho são fatores que não podem ser ignorados.

Motivação e Incentivos: Mantendo a Equipe Engajada

Manter uma equipe engajada e motivada é essencial para garantir a produtividade e a qualidade do trabalho. Em meus projetos, sempre procurei criar um ambiente onde as pessoas se sentissem valorizadas e incentivadas a dar o seu melhor. Entendi que motivar uma equipe vai além de recompensas financeiras; trata-se de reconhecer o esforço, celebrar as conquistas e proporcionar um ambiente de trabalho que estimule a criatividade e a colaboração.

Os incentivos podem variar de acordo com a equipe e o projeto, mas o objetivo é sempre o mesmo: manter todos focados e comprometidos com o sucesso do projeto. O Google, por exemplo, é conhecido por suas políticas de incentivo e cultura organizacional, que incentivam a inovação e a colaboração, resultando em uma equipe altamente motivada e produtiva.

Gestão de Recursos: Otimizando Tempo, Dinheiro e Materiais

A gestão eficaz dos recursos é tão importante quanto a gestão das pessoas. Nos projetos de cenografia que lidero, aprendi que otimizar o uso de tempo, dinheiro e materiais é fundamental para entregar resultados excepcionais dentro do prazo e do orçamento. Isso envolve desde a elaboração de um plano detalhado de alocação de recursos até a monitorização contínua do progresso para garantir que tudo esteja funcionando conforme o planejado.

A otimização dos recursos também inclui a capacidade de antecipar e resolver problemas antes que eles afetem o cronograma ou o orçamento. Isso pode significar ajustar o plano inicial, renegociar prazos ou redistribuir tarefas para manter o projeto nos trilhos. A eficiência na gestão dos recursos não só reduz custos, mas também aumenta a qualidade do trabalho e a satisfação do cliente.

Resolução de Conflitos: Estratégias para Manter a Harmonia no Ambiente de Trabalho

Mesmo com uma equipe talentosa e bem motivada, os conflitos inevitavelmente surgem. A maneira como esses conflitos são gerenciados pode determinar o sucesso ou o fracasso de um projeto. Em minha experiência, sempre busquei abordar os conflitos de forma direta, mas construtiva, garantindo que todos os envolvidos fossem ouvidos e que a solução fosse justa e eficiente.

A resolução de conflitos eficaz envolve comunicação clara, empatia e a capacidade de mediar disputas sem tomar partido. O objetivo deve ser sempre manter a harmonia no ambiente de trabalho e garantir que o foco permaneça nos objetivos do projeto. Empresas como a Pixar, por exemplo, são conhecidas por seu ambiente colaborativo, onde os conflitos são vistos como oportunidades para melhorar o trabalho e fortalecer a equipe.

Gerir uma equipe e recursos de forma eficaz é como ser um chef que, ao selecionar os melhores ingredientes e coordenar sua equipe, cria um prato perfeito. Assim como o chef precisa de precisão, criatividade e liderança para transformar ingredientes em uma refeição memorável, o empreendedor precisa de habilidades de gestão para transformar uma visão em realidade. Com uma equipe bem escolhida, motivada e uma gestão cuidadosa dos recursos, é possível alcançar o sucesso mesmo nos projetos mais desafiadores.

Capítulo 8:
Superando Crises
e Adversidades

Ao longo da minha carreira, enfrentei momentos de crise que testaram não apenas minhas habilidades como empreendedor, mas também minha resiliência pessoal. Essas crises variaram desde desafios financeiros até problemas inesperados em grandes projetos. Cada uma delas parecia, no momento, um obstáculo insuperável. No entanto, foi nessas situações que aprendi algumas das lições mais valiosas da minha vida profissional. Superar crises não é fácil, mas é nesses momentos que a verdadeira força e caráter de um empreendedor se revelam.

Crises e adversidades são inevitáveis para qualquer empreendedor, mas a maneira como você as enfrenta pode determinar o sucesso ou o fracasso do seu negócio. Neste capítulo, vou compartilhar algumas das estratégias que usei para superar crises em minha trajetória, e como essas experiências me tornaram um líder e empreendedor mais forte.

Crises e adversidades surgem em todos os negócios, e muitos empreendedores não estão preparados para enfrentá-las. A falta de preparação e a incapacidade de agir rapidamente podem levar ao colapso de uma empresa. Quando os tempos difíceis chegam, a reação natural pode ser de desespero ou paralisia, mas é nesses momentos que a resiliência, a agilidade e a capacidade de tomar decisões estratégicas se tornam mais importantes do que nunca.

Empresas como Airbnb enfrentaram crises monumentais, como a pandemia de COVID-19, que praticamente paralisou o setor de hospitalidade. A empresa, no entanto, conseguiu adaptar rapidamente seu modelo de negócios, focando em estadias de longo prazo e experiências online, o que permitiu não apenas a sobrevivência, mas também a recuperação e o crescimento subsequente.

Resiliência em Tempos de Crise: Como Manter a Calma e o Foco

Resiliência é a capacidade de manter a calma e o foco mesmo quando tudo parece estar desmoronando. Lembro-me de uma situação em que um grande projeto que estávamos executando enfrentou uma série de problemas técnicos que ameaçaram atrasar significativamente a entrega. A pressão era enorme, mas sabia que entrar em pânico só pioraria a situação. Foi nesse momento que a resiliência se tornou minha maior aliada.

Manter a calma em tempos de crise permite que você veja a situação com mais clareza e tome decisões informadas. A resiliência não é apenas sobre suportar a tempestade, mas sobre encontrar maneiras de seguir em frente, mesmo quando as coisas ficam difíceis. Lembre-se de que cada crise é temporária e que, com a mentalidade certa, você pode superá-la.

Tomada de Decisões Rápidas: Agilidade em Momentos Críticos

Durante uma crise, a capacidade de tomar decisões rápidas e eficazes é crucial. Em várias ocasiões, precisei agir rapidamente para resolver problemas antes que eles se agravassem. Tomar decisões rápidas não significa ser impulsivo, mas sim ser capaz de avaliar a situação rapidamente, considerar as opções disponíveis e escolher o curso de ação mais eficaz.

A agilidade na tomada de decisões é muitas vezes o que separa empresas que sobrevivem de empresas que falham. No meu caso, essa agilidade permitiu que eu resolvesse problemas críticos de forma eficaz, minimizando os danos e mantendo o curso do projeto. A prática de manter um plano de contingência e estar sempre preparado para o inesperado é essencial para qualquer empreendedor.

Gestão de Crises: Planejando para o Inesperado

Uma das lições mais importantes que aprendi é que você não pode prever todas as crises, mas pode planejar para o inesperado. Durante um grande evento que estávamos organizando, uma série de imprevistos ameaçou descarrilar o projeto. No entanto, porque já tínhamos um plano de gestão de crises em vigor, fomos capazes de responder rapidamente e minimizar os impactos.

Ter um plano de gestão de crises é fundamental para garantir que sua empresa possa reagir de maneira eficaz quando o inesperado ocorrer. Isso inclui identificar potenciais riscos, desenvolver planos de contingência e treinar sua equipe para responder rapidamente em situações de emergência.

Estar preparado para crises não só protege seu negócio, mas também pode ser uma oportunidade para demonstrar liderança e resiliência.

Aprendendo com as Crises: Transformando Dificuldades em Oportunidades

Cada crise oferece uma lição, e uma das habilidades mais valiosas que um empreendedor pode desenvolver é a capacidade de aprender com essas experiências. As crises que enfrentei ao longo da minha carreira me ensinaram a ser mais flexível, a pensar de maneira mais criativa e a valorizar a importância de uma boa preparação.

Enfrentar crises com uma mentalidade de aprendizado permite que você transforme dificuldades em oportunidades de crescimento. Empresas como IBM passaram por inúmeras crises ao longo dos anos, mas foi a capacidade de se reinventar e aprender com cada desafio que permitiu que se mantivessem como líderes no mercado.

Superar crises e adversidades é como pilotar um avião em meio a uma turbulência inesperada. Um piloto experiente sabe que entrar em pânico não resolverá o problema; em vez disso, ele usa suas habilidades, experiência e calma para manter o curso e levar todos a um pouso seguro. Da mesma forma, o empreendedor que consegue enfrentar crises com resiliência, agilidade e uma mentalidade de aprendizado não apenas supera os desafios, mas emerge mais forte e preparado para o futuro. Cada crise superada é uma oportunidade de crescimento e fortalecimento, tanto para você quanto para o seu negócio.

Capítulo 9:
Expansão e Crescimento Sustentável

Expandir uma empresa é um dos maiores desafios que um empreendedor pode enfrentar. Olhando para trás, lembro-me de quando decidi expandir minhas operações para além dos projetos de cenografia e entrar em novos mercados. A criação da 3T Cenografia, juntamente com minha esposa, foi um passo significativo nessa direção. Contudo, percebi desde o início que crescer rapidamente sem uma base sólida poderia colocar em risco tudo o que havíamos construído até então. Por isso, adotei uma abordagem estratégica para garantir que nosso crescimento fosse sustentável a longo prazo.

Ao longo da minha jornada, aprendi que o crescimento sustentável não é apenas sobre aumentar o volume de negócios, mas sim sobre garantir que essa expansão seja suportada por uma base sólida, financeira e operacionalmente. Neste capítulo, quero compartilhar os passos que tomei para garantir que nossa expansão fosse bem-sucedida e sustentável, proporcionando insights valiosos para qualquer empreendedor que deseja crescer de forma responsável e duradoura.

Muitas empresas se concentram em crescer rapidamente, mas, sem uma base sólida, esse crescimento pode levar a uma série de problemas, como dificuldades financeiras, operações desorganizadas e, em última instância, a falência. É crucial que o crescimento seja planejado e gerido de maneira estratégica para evitar que a empresa se torne vítima do próprio sucesso.

Empresas como WeWork experimentaram um crescimento explosivo, mas sem uma base sólida, acabaram enfrentando problemas financeiros e de gestão que quase levaram à sua queda. Por outro lado, empresas que planejam cuidadosamente sua expansão, como Zara, que escalou suas operações globalmente mantendo controle rígido sobre suas finanças e operações, são capazes de crescer de maneira sustentável e responsável.

Planejamento de Expansão: Como Identificar Quando e Como Crescer de Maneira Estratégica

O primeiro passo para um crescimento sustentável é o planejamento cuidadoso da expansão. Quando decidimos expandir nossa empresa de cenografia, foi fundamental analisar o mercado, identificar as oportunidades certas e planejar a expansão de maneira estratégica. Crescer por crescer, sem uma estratégia clara, pode ser desastroso.

O planejamento de expansão deve começar com uma avaliação cuidadosa do mercado, identificando onde existem oportunidades de crescimento e se a empresa está preparada para aproveitá-las. Isso inclui analisar a capacidade operacional, os recursos financeiros disponíveis e o impacto que a expansão terá na estrutura existente. Um crescimento bem planejado é aquele que é feito de maneira incremental, garantindo que cada novo passo seja suportado por uma base sólida.

Financiamento e Investimentos: Estratégias para Obter os Recursos Necessários para o Crescimento sem Comprometer a Saúde Financeira

Financiar a expansão pode ser um desafio significativo, e é importante garantir que os recursos necessários estejam disponíveis sem comprometer a saúde financeira da empresa. Ao expandir nossas operações, optamos por uma combinação de reinvestimento dos lucros e busca de parceiros estratégicos que pudessem aportar capital, sem sobrecarregar a empresa com dívidas excessivas.

Estratégias de financiamento devem ser cuidadosamente planejadas, considerando opções como reinvestimento dos lucros, financiamento bancário, investidores anjo ou capital de risco, dependendo do estágio da empresa e das metas de crescimento. É essencial que o financiamento seja estruturado de maneira a garantir que a empresa continue financeiramente saudável, mesmo durante períodos de expansão acelerada.

Escalabilidade: Mantendo a Qualidade e a Eficiência em Larga Escala, Adaptando Processos para Suportar o Crescimento

Um dos maiores desafios da expansão é manter a qualidade e a eficiência à medida que a empresa cresce. Em nossa experiência, isso significou revisar e adaptar constantemente nossos processos para garantir que pudéssemos escalar sem comprometer os padrões que nossos clientes esperavam.

Escalabilidade envolve a capacidade de adaptar processos, sistemas e equipes para suportar o crescimento. Isso pode incluir a automação de processos, a contratação e treinamento de novos funcionários, e a implementação de sistemas de gestão que permitam o controle eficaz de operações em larga escala. Empresas que conseguem escalar sem perder qualidade ou eficiência são aquelas que têm sucesso a longo prazo.

Sustentabilidade: Crescendo de Maneira Ambiental, Social e Economicamente Sustentável, Mantendo o Equilíbrio entre Expansão e Responsabilidade

Crescer de maneira sustentável não significa apenas garantir a viabilidade financeira da expansão, mas também considerar o impacto ambiental e social das operações. Na 3T Cenografia, sempre procuramos implementar práticas sustentáveis que minimizassem nosso impacto ambiental e contribuíssem positivamente para as comunidades onde operávamos.

A sustentabilidade deve ser uma consideração central em qualquer plano de expansão. Isso significa adotar práticas que reduzam o impacto ambiental, como o uso de materiais sustentáveis e a redução de desperdícios, além de garantir que o crescimento da empresa contribua positivamente para a sociedade. Um crescimento sustentável é aquele que equilibra a expansão com a responsabilidade social e ambiental.

Expandir e crescer de forma sustentável é como cuidar de um jardim: exige paciência, planejamento e atenção constante. Assim como um jardineiro que escolhe cuidadosamente as plantas, as nutre e garante que cada uma tenha o espaço e os recursos necessários para crescer, o empreendedor deve garantir que sua empresa cresça de maneira saudável e sustentável. Com o planejamento adequado, financiamento estratégico, escalabilidade e um compromisso com a sustentabilidade, é possível ver o seu negócio florescer de forma saudável e duradoura, gerando frutos não apenas para hoje, mas para muitos anos no futuro.

Capítulo 10: Legado e Futuro do Empreendedorismo

Gilberto Santos

Ao refletir sobre minha trajetória, percebo que o verdadeiro sucesso de um empreendedor vai além das realizações financeiras e profissionais; ele se encontra no legado que deixamos para as futuras gerações. Quando comecei minha carreira, meu foco era construir algo duradouro e impactante, mas com o tempo, compreendi que minha responsabilidade não se limitava apenas a alcançar o sucesso pessoal. Era também sobre contribuir para o desenvolvimento do mercado, da sociedade e, principalmente, para o fortalecimento de novos líderes e empreendedores.

Construir um legado é uma responsabilidade que todo empreendedor deve abraçar. Não se trata apenas de pensar no presente, mas também de considerar o impacto a longo prazo de nossas ações e decisões. Neste capítulo, quero discutir a importância de criar um legado que inspire e guie as próximas gerações, mantendo o espírito do empreendedorismo vivo e relevante.

Muitos empreendedores concentram-se exclusivamente nos resultados imediatos, negligenciando o impacto duradouro que poderiam ter em suas comunidades, na indústria e na sociedade como um todo. O foco excessivo nos lucros de curto prazo pode impedir que o empreendedor desenvolva uma visão mais ampla e estratégica sobre o que realmente importa: o legado que será deixado para as futuras gerações.

Empreendedores que pensam apenas no agora podem alcançar sucesso financeiro, mas muitas vezes falham em criar um impacto duradouro. Em contraste, aqueles que constroem suas empresas com uma visão de longo prazo e um compromisso com o legado tendem a deixar marcas profundas em suas indústrias e nas comunidades que servem.

Construindo um Legado: A Importância de Pensar Além dos Lucros Imediatos

Construir um legado exige que o empreendedor pense além dos lucros imediatos e das realizações pessoais. Quando fundei minhas empresas, sabia que queria algo mais do que apenas um negócio lucrativo. Queria criar algo que tivesse um impacto positivo duradouro, que pudesse continuar a beneficiar as pessoas e a sociedade muito depois de eu ter deixado o palco principal.

Para construir um legado, é essencial que o empreendedor defina uma visão de longo prazo que inclua não apenas objetivos financeiros, mas também a contribuição que deseja fazer para o mundo. Isso pode incluir práticas sustentáveis, responsabilidade social e o apoio a causas que refletem os valores do empreendedor. Um legado forte é construído sobre ações que vão além do interesse próprio, visando o bem comum.

Mentoria e Educação: Como Formar a Próxima Geração de Líderes e Empreendedores

Parte importante de construir um legado é investir na próxima geração de líderes e empreendedores. Ao longo da minha carreira, sempre procurei compartilhar meu conhecimento e experiência com aqueles que estavam começando, seja através de palestras, consultorias ou treinamentos. Acredito que, ao capacitar os jovens empreendedores, estou não apenas ajudando-os a alcançar o sucesso, mas também garantindo que o espírito do empreendedorismo continue vivo e forte.

Mentoria e educação são fundamentais para o desenvolvimento de novos líderes. Aqueles que já alcançaram o sucesso têm a responsabilidade de guiar os mais jovens, oferecendo insights, apoio e inspiração. Empreendedores como Bill Gates têm dedicado grande parte de seu tempo e recursos a iniciativas de educação, buscando formar a próxima geração de inovadores e líderes globais.

Inovação Contínua: Mantendo-se Relevante e Inovador em um Mercado em Constante Mudança

Um legado duradouro também depende da capacidade de manter a inovação viva. Em minha carreira, sempre busquei inovar, adaptando-me às mudanças do mercado e antecipando as necessidades futuras. Compreendi que a inovação não é apenas uma questão de sobreviver no mercado; é sobre liderar, definir tendências e, acima de tudo, continuar a contribuir para o avanço da indústria.

Inovação contínua garante que o empreendedor e sua empresa permaneçam relevantes ao longo do tempo. Empresas que param de inovar rapidamente perdem sua posição de liderança. É importante que, mesmo após alcançar o sucesso, o empreendedor continue a buscar novas maneiras de agregar valor e resolver problemas de maneira criativa e eficaz.

Impacto Social: Contribuindo para a Sociedade Através do Empreendedorismo

Um dos aspectos mais gratificantes do empreendedorismo é a capacidade de causar um impacto positivo na sociedade. Através das minhas empresas, sempre procurei contribuir para a comunidade, seja através da criação de empregos, apoio a iniciativas sociais ou práticas empresariais sustentáveis. Acredito que o empreendedorismo não deve ser apenas uma fonte de lucro, mas também uma força para o bem.

Empreendedores que compreendem seu papel social e buscam ativamente fazer a diferença têm o potencial de criar um impacto significativo e duradouro. Empresas como

Patagonia, que se destaca por seu compromisso com a sustentabilidade e responsabilidade social, são exemplos de como o empreendedorismo pode ser uma força poderosa para a mudança positiva.

O empreendedorismo é como uma tocha que deve ser passada de geração em geração, iluminando o caminho para novos sonhos e realizações. À medida que seguimos em frente, devemos sempre nos lembrar de que nosso verdadeiro legado não será medido apenas pelos lucros que geramos, mas pelas vidas que tocamos, pelas inovações que promovemos e pelo impacto duradouro que deixamos no mundo. Construir um legado é um ato de responsabilidade e visão; é sobre garantir que as chamas do empreendedorismo continuem a brilhar para as gerações futuras, inspirando-as a alcançar novos horizontes e a criar um futuro melhor para todos.

www.ingramcontent.com/pod-product-compliance
Lightning Source LLC
Chambersburg PA
CBHW070200230526
45471CB00002B/747